왜 한자를 배워야 할까요?

한자는 옛날옛날에 중국의 창힐이라는 사람이 새와 짐승의 발자국 모양을 본떠 처음으로 만들었어요.

우리 조상들은 세종 대왕이 한글을 만들어 내실 때까지 중국의 한자를 빌려서 사용하였고, 그 후로도 한글과 한자를 함께 사용하였어요. 그래서 오늘날 우리가 사용하는 말에는 한자에 바탕을 둔 말이 매우 많아요. 김(金)씨, 이(李)씨, 박(朴)씨 같은 성(姓)과 이름, 대전(大田), 전주(全州), 춘천(春川) 같은 지명, 학교(學校), 국민(國民), 연필(鉛筆) 같은 낱말 등 우리말의 70퍼센트 가량이 한자어이지요.

그러므로 우리의 말과 글을 제대로 잘 사용하려면 한자를 잘 알아야 해요. 특히 우리 조상의 슬기와 지혜를 본받고, 국어를 비롯하여 수학, 과학, 사회 등 여러 과목을 쉽고 재미있게 공부하려면 한자를 꼭 공부해 두어야 한답니다.

저는 정채영이에요. 성은 정(鄭), 이름은 채영(彩永)이지요. 대전(大田)에 살아요.

저는 육군한이에요. 성은 육(陸), 이름은 군한(君翰)이지요. 춘천(春川)에 살아요.

 빈 곳을 예쁘게 색칠하고, 각각 몇 개인지 세어 보세요.

하나　　한 일

2 二
둘　　두 이

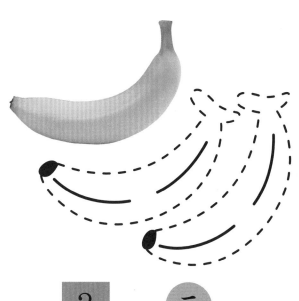

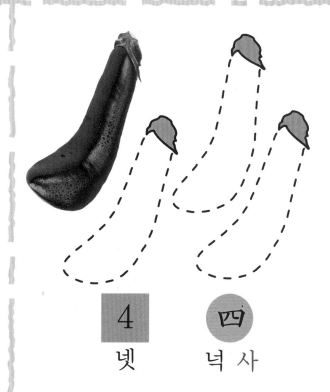

3 三
셋　　석 삼

4 四
넷　　넉 사

쓰는 순서대로 바르게 써 보세요.

한 일	두 이	석 삼	넉 사
一	二	三	四
one[원]	two[투우]	three[쓰리이]	four[포오]
一	二	三	四

☞ → 一 → 一   ☞ → 二 → 二   ☞ → 三 → 三   ☞ → 八 → 四

 빈 곳을 예쁘게 색칠하고, 각각 몇 개인지 세어 보세요.

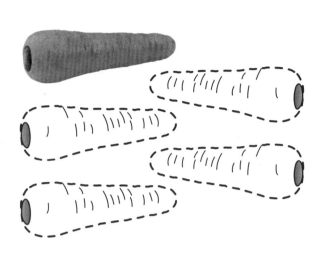

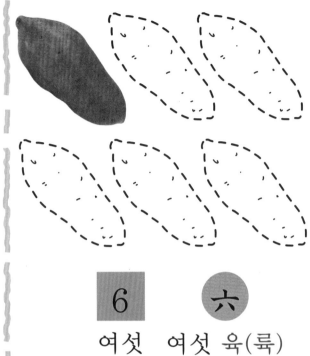

5 **五**

다섯   다섯 오

6 **六**

여섯   여섯 육(륙)

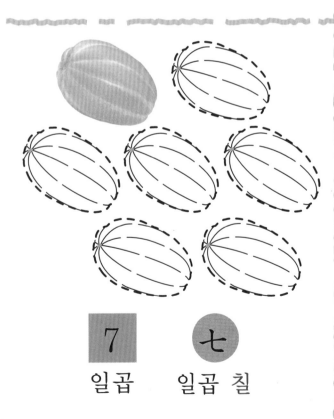

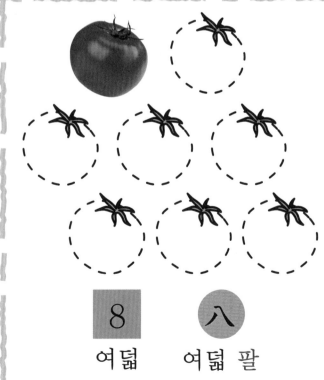

7 **七**

일곱   일곱 칠

8 **八**

여덟   여덟 팔

쓰는 순서대로 바르게 써 보세요.

다섯 오	여섯 육	일곱 칠	여덟 팔
五	六	七	八
five[파이브]	six[씩스]	seven[쎄번]	eight[에잇]
五	六	七	八

→ 五 → 五   → 穴 → 六   → 七 → 七   → 八 → 八

 빈 곳을 예쁘게 색칠하고, 각각 몇 개인지 세어 보세요.

9 九
아홉 아홉 구

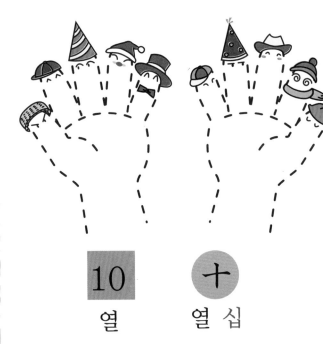

10 十
열 열 십

100

100 百
백 일백 백

1000

1000 千
천 일천 천

6

쓰는 순서대로 바르게 써 보세요.

아홉 구	열 십	일백 백	일천 천
九	十	百	千
nine[나인]	ten[텐]	hundred[헌드러드]	thousand[싸우전드]
九	十	百	千

九→九   十→十   百→百   千→千

동물 친구들이 신발을 신고 싶대요. 각 동물의 다리 수를 세어,
알맞은 신발과 한자에 줄로 이으세요.

동물 친구들이 기차를 타고 놀이 공원에 가요.
보기 처럼 각 칸에 탄 동물의 수를 세어 한자로 쓰세요.

쓰기
연습

一	二	三	四	五	六
一	二	三	四	五	六

七	八	九	十	百	千
七	八	九	十	百	千

한자를 쓰는 순서

한자를 쓰는 순서를 필순(筆順)이라고 해요.
필순에 맞게 써야 글씨도 잘 써지고 모양도 아름다워요.

❶ 위부터 아래로 써 내려가요.

❷ 왼쪽부터 오른쪽으로 써 나가요.

❸ 가로획부터 써요.

❹ 꿰뚫은 획은 맨 나중에 써요.

❺ 글자의 모양이 왼쪽, 오른쪽이 비슷할 때는 가운데 획을 먼저 써요.

❻ 둘레부터 써요.

❼ 삐침은 파임보다 먼저 써요.

❽ 오른쪽 위의 점은 맨 나중에 써요.

犬　　犬　　犬　　犬

❾ 받침은 맨 나중에 써요.

進　進　進　進　進　進

해님이 방글방글. 점선 따라 그리고 예쁘게 색칠하세요.
그리고 아래의 한자를 읽고 써 보세요.

날 일

sun[썬]:해

★ 日은 뜨겁게 내리쬐는 해의 모양을
본떠서 만든 글자입니다.

日記(일기)
生日(생일)

달님이 빙그레. 점선 따라 그리고 예쁘게 색칠하세요.
그리고 아래의 한자를 읽고 써 보세요.

달 월

月

moon[무운]:달

月	月	月

★ 月은 달의 모양을 본떠서 만든
글자입니다.

月給(월급)

正月(정월)

모닥불이 활활 타올라요. 점선 따라 그리고 예쁘게 색칠하세요.
그리고 아래의 한자를 읽고 써 보세요.

불 화	火	火	火
火 fire[파이어]:불			

⭐ 火는 불길이 타오르는 모양을
본떠서 만든 글자입니다.

火災(화재)
火力(화력)

18

시냇물이 졸졸졸. 점선 따라 그리고 멋지게 색칠하세요.
그리고 아래의 한자를 읽고 써 보세요.

물 수

水

water[워어터]:물

水 水 水

★ 水는 시냇물이 흐르는 모양을
본떠서 만든 글자입니다.

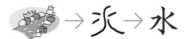 → 氺 → 水

水泳(수영)
冷水(냉수)

나무가 무럭무럭 자라요. ◀─에서 ●까지 한 번에 그리고,
아래의 한자를 읽고 써 보세요.

나무 목			
木 tree[트리이]:나무	木	木	木

⭐ 木은 가지를 뻗고 뿌리를 내린
나무의 모양을 본떴습니다.

木材(목재)
植木日(식목일)

20

금이 땅 속에서 반짝반짝 빛나요. 반짝이는 빛을 따라 그리고, 아래의 한자를 큰 소리로 읽으면서 써 보세요.

쇠 **금**

金

gold[고울드]:금 / iron[아이언]:쇠, 철

金 金 金

★ 金은 흙 속에 묻혀 있는 금의 모양을 본떠서 만든 글자입니다.

 → 金 → 金

金鑛(금광)
黃金(황금)

흙 속을 마음대로 멋지게 꾸미고,
아래의 한자를 쓰는 순서대로 바르게 써 보세요.

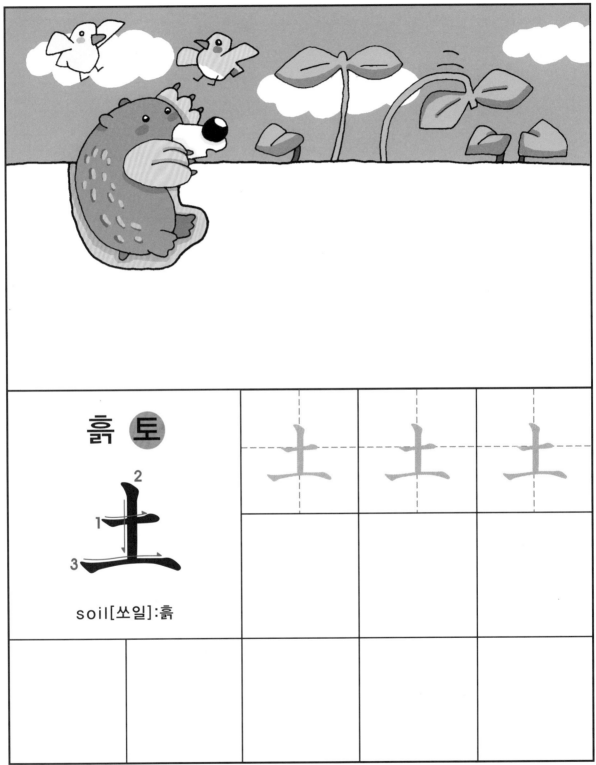

흙 **토**	土	土	土
土 soil[쏘일]:흙			

⭐ 土는 땅을 뚫고 나온 풀이나
나무의 싹 모양을 본떴습니다.

 → 土 → 土

土地(토지)

國土(국토)

나는 언제 태어났을까요? 태어난 해와 날짜를 쓰고,
아래의 한자를 읽고 써 보세요.

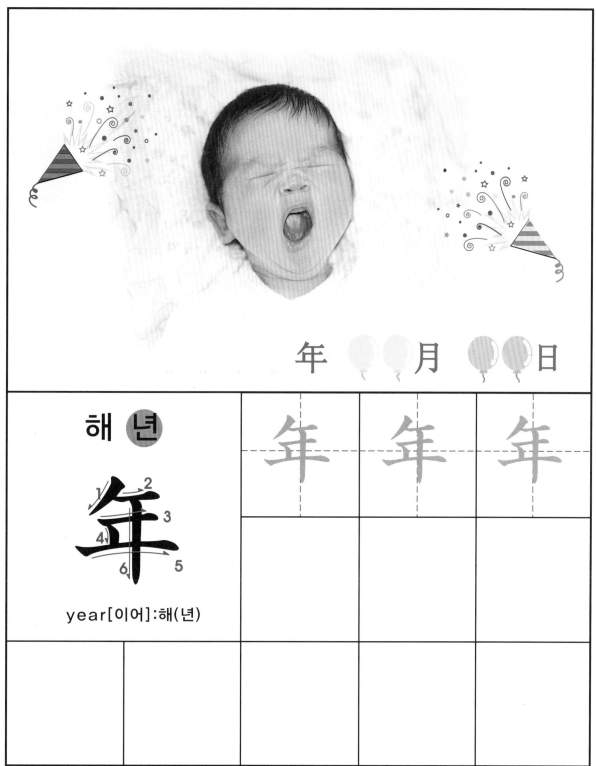

年 ●●月 ●●日

해 년

年 年 年

年

year[이어]:해(년)

★ 年은 벼와 벼를 거두어들이는
사람의 모양을 본떴습니다.

 → 秊 → 年

年末(연말)
少年(소년)

각 한자에 알맞은 뜻과 음에 줄로 이은 다음,
어울리는 풍선을 찾아 줄로 이으세요.

火 ★

金 ★

日 ★

水 ★

木 ★

土 ★

月 ★

年 ★

★날 일 ●

★흙 토 ●

★물 수 ●

★해 년 ●

★달 월 ●

★불 화 ●

★나무 목 ●

★쇠 금 ●

신기한 한자

해와 달이 만나면

日 + 月 ➜ 明

밝을 명

나무와 나무가 만나면

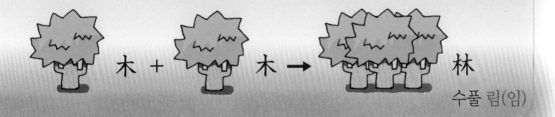

木 + 木 ➜ 林

수풀 림(임)

金은 쇠나 금을 나타내며 '금'이라고 읽어요.
그런데 우리 나라에는 金씨 성을 가진 사람이 참 많아요.
이렇게 金이 이름에 쓰일 때는
'김'이라고 읽지요.

오, 금씨!

난, 김씨야.

쓰기
연습

日	日			
月	月			
火	火			
水	水			
木	木			
金	金			
土	土			
年	年			

26

日					
月					
火					
水					
木					
金					
土					
年					

영차! 영차! 개구리가 산에 올라요. 빈 곳을 예쁘게 색칠하고, 아래의 한자를 읽고 써 보세요.

메 산

山
1
2 3

mountain[마운틴]:산

山	山	山

★ 山은 산의 모양을 본떠서 만든 글자입니다.

⛰ → 山 → 山

登山(등산)
火山(화산)

너구리가 어디서 낚시를 할까요? 냇물을 알맞게 색칠하고,
아래의 한자를 읽고 써 보세요.

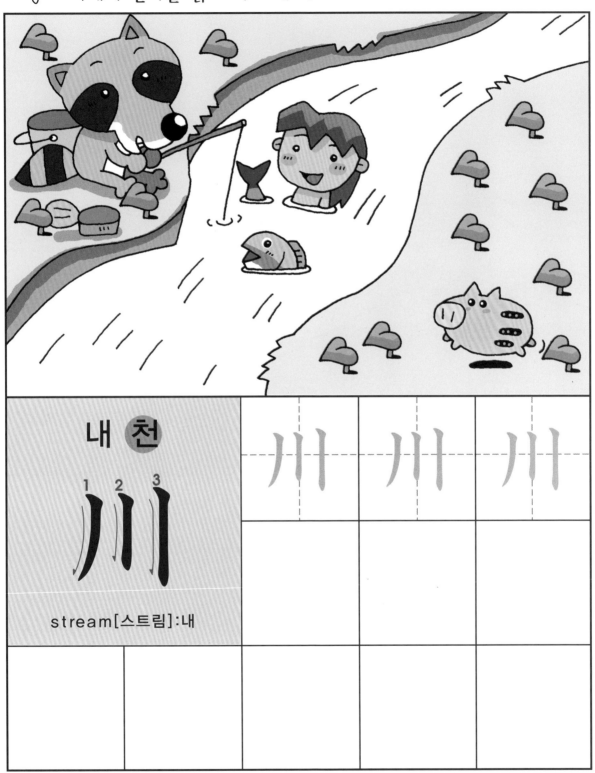

내 **천**

¹ ² ³
川

stream[스트림]:내

川 川 川

★ 川은 양쪽 언덕 사이로 흐르는
시냇물의 모양을 본떴습니다.

 → 川 → 川

河川(하천)
開川(개천)

하늘은 무슨 색깔일까요? 하늘을 멋지게 색칠하고,
아래의 한자를 읽고 써 보세요.

하늘 천			
天	天	天	天
sky[스카이]:하늘			

⭐ 天은 양 팔을 벌리고 선 사람의 머리
위에 있는 하늘의 모양을 본떴습니다.

 → 禾 → 天

天使(천사)

天才(천재)

뱀이 꿈틀꿈틀 땅 위를 기어가요. ➡ 에서 ● 까지 한 번에 그리고,
아래의 한자를 읽고 써 보세요.

땅 지	地	地	地
land[랜드]:땅			

⭐ 地는 땅 위의 풀과 뱀이 꿈틀거리는 모양을 본떠서 만든 글자입니다.

地球(지구)
陸地(육지)

데굴데굴 덱데굴, 돌이 굴러가요. 빈 곳을 예쁘게 색칠하고,
아래의 한자를 읽고 써 보세요.

돌 석

石

stone[스토운]:돌

★ 石은 언덕 아래에 있는 돌의
모양을 본떠서 만들었습니다.

 → 石 → 石

石油(석유)
月石(월석)

밭에서는 어떤 식물이 자라는지 이야기해 보세요.
빈 곳을 알맞게 색칠하고, 아래의 한자를 읽고 써 보세요.

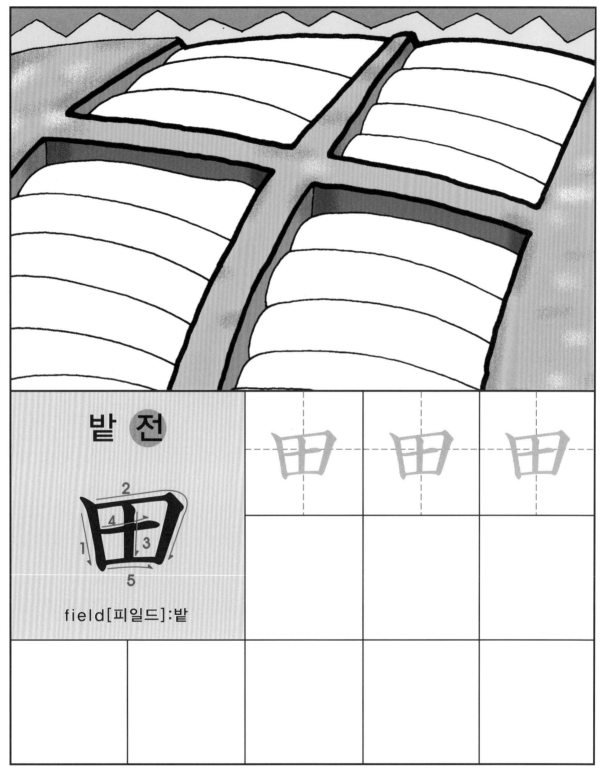

밭 전

田

field[피일드]:밭

田

田

田

★ 田은 멀리서 바라본 밭의 모양을
본떠서 만든 글자입니다.

田畓(전답)
油田(유전)

곤충들은 풀을 좋아해요. 그림을 완성하고,
아래의 한자를 읽고 써 보세요.

풀 초	草	草	草
草 grass[그래스]:풀			

⭐ 草는 풀의 모양과 바다 위로 해가
떠오르는 모양을 본떴습니다.

 → 草

草木(초목)
花草(화초)

꽃들이 활짝 피었어요. 빈 곳을 예쁘게 색칠하고,
아래의 한자를 큰 소리로 읽으면서 쓰는 순서대로 써 보세요.

꽃 **화**

花

flower[플라워]:꽃

花 花 花

★ 花는 풀의 모양과 바로 서고 거꾸로
선 사람의 모양을 본떴습니다.

 → 花

花盆(화분)
生花(생화)

각 그림에 알맞은 한자를 찾아 줄로 잇고,
한자에 맞는 뜻과 음에 줄로 이으세요.

 ♥   ♡ 山 ★   ★ 돌 석

 ♥   ♡ 石 ★   ★ 꽃 화

 ♥   ♡ 田 ★   ★ 하늘 천

 ♥   ♡ 花 ★   ★ 땅 지

 ♥   ♡ 草 ★   ★ 내 천

 ♥   ♡ 天 ★   ★ 풀 초

 ♥   ♡ 川 ★   ★ 밭 전

 ♥   ♡ 地 ★   ★ 메 산

논 답

사내 부

오른 우

山	山				
川	川				
天	天				
地	地				
石	石				
田	田				
草	草				
花	花				

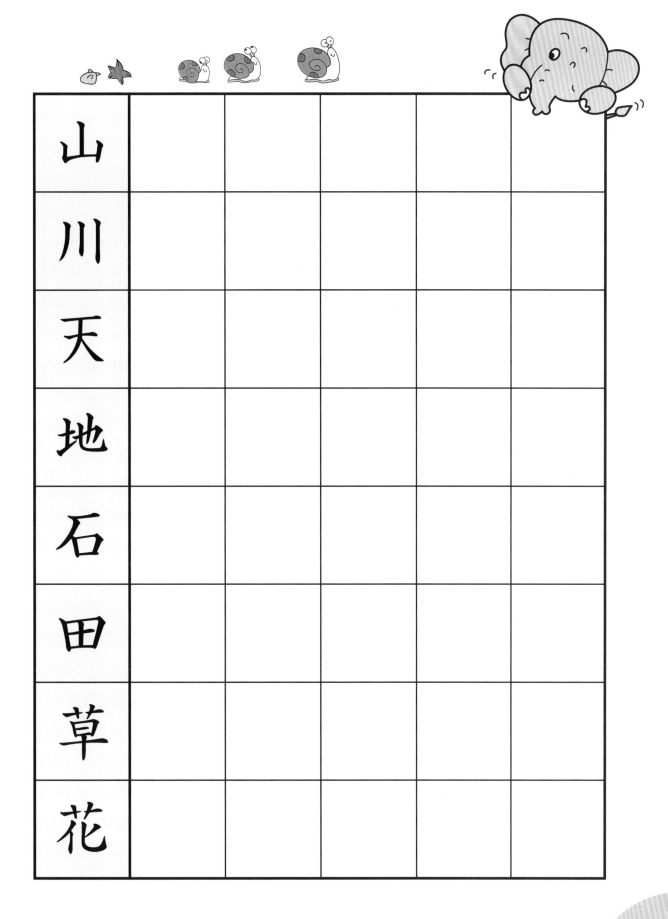

山
川
天
地
石
田
草
花

一石二鳥 : 한 일(一) 돌 석(石) 두 이(二) 새 조(鳥)
돌 하나로 새 두 마리를 잡는다는 뜻. 즉, 한 가지 일로 두 가지 이득을 얻었을 때
이 말을 씁니다. 꿩 먹고 알 먹고, 일거양득(一擧兩得)도 비슷한 말입니다.

신체

身

心

手

足

코끼리들의 두 귀가 어디로 갔을까요? 코끼리들에게
예쁜 귀를 그려 주고, 아래의 한자를 읽고 써 보세요.

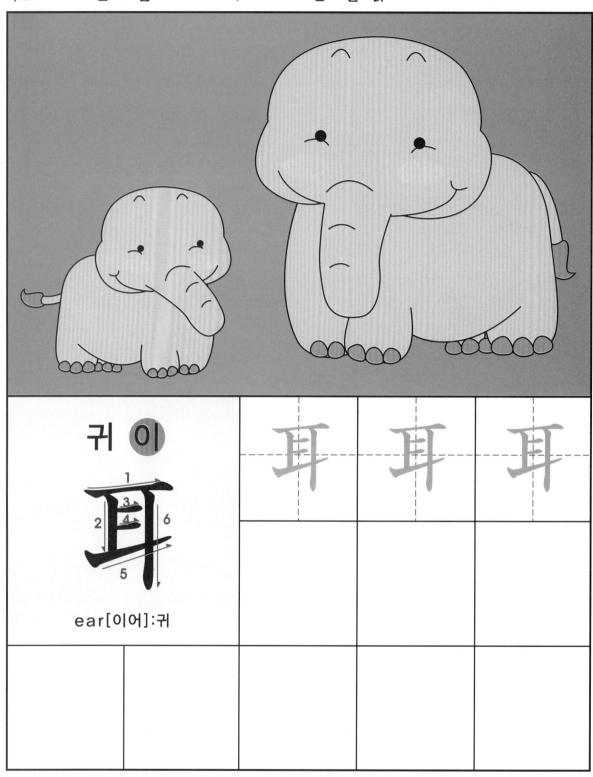

귀 이	耳	耳	耳
耳 ear[이어]:귀			

★ 耳는 사람의 귀의 모양을 본떠서
만든 글자입니다.

 → 耳

中耳炎(중이염)
耳目(이목)

46

반짝반짝 두 눈은 무슨 일을 할까요?
두 눈을 예쁘게 색칠하고, 아래의 한자를 읽고 써 보세요.

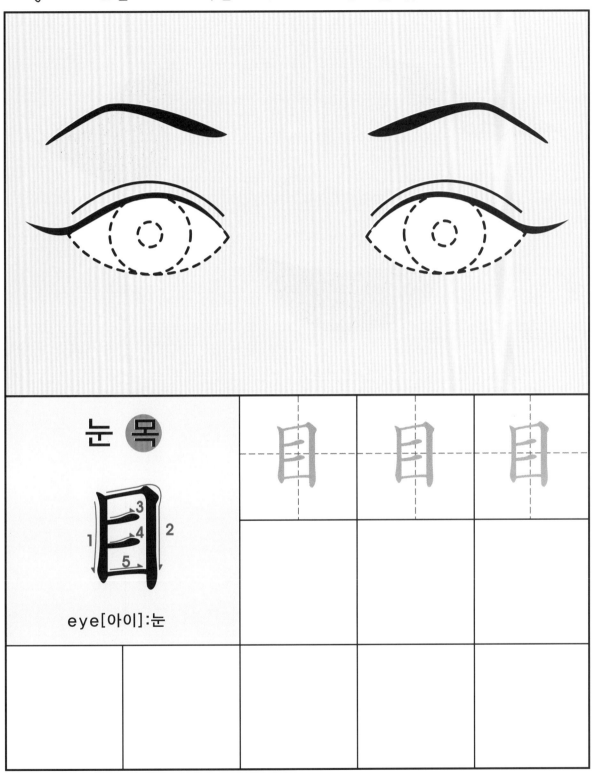

눈 목

目

eye[아이]:눈

★ 目은 사람의 눈 모양을 본떠서
만든 글자입니다.

 → ◗ → 目

目的(목적)
目禮(목례)

입술을 마음대로 예쁘게 색칠하고,
아래의 한자를 큰 소리로 읽고 바르게 써 보세요.

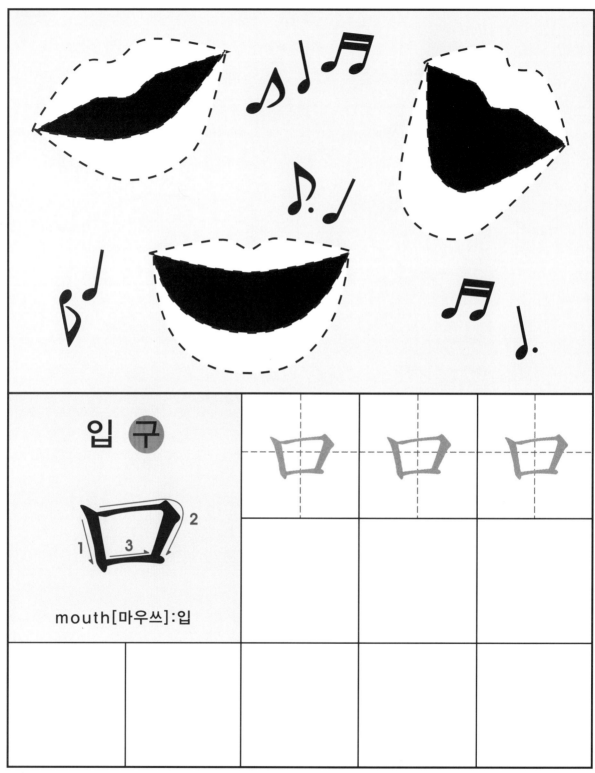

입 구

mouth[마우쓰]:입

★ 口는 사람의 입 모양을 본떠서
만든 글자입니다.

食口(식구)

人口(인구)

친구들이 다정하게 웃고 있어요. 친구들의 코에 ○ 하고,
아래의 한자를 쓰는 순서대로 바르게 써 보세요.

코 비

鼻

nose[노우즈]:코

鼻 鼻 鼻

★ 鼻는 사람의 코의 모양을
본떠서 만든 글자입니다.

→ → 鼻

鼻炎(비염)

鼻音(비음)

두 손을 활짝 펴고 흔들어 보세요. 손톱을 알록달록 멋지게
색칠하고, 아래의 한자를 읽고 써 보세요.

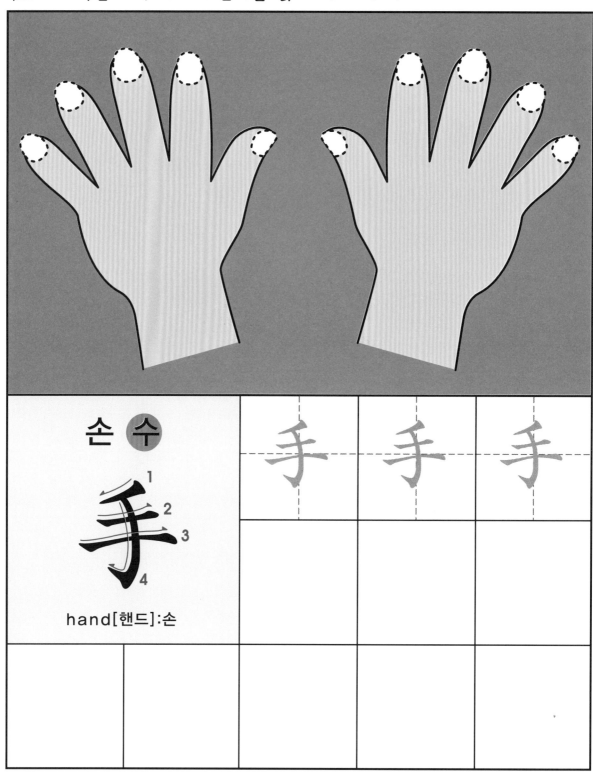

손 수

hand[핸드]:손

★ 手는 사람의 손의 모양을 본떠서
만든 글자입니다.

手巾(수건)
歌手(가수)

50

친구들의 발에 멋진 신발을 신겨 주세요.
그리고 아래의 한자를 읽고 써 보세요.

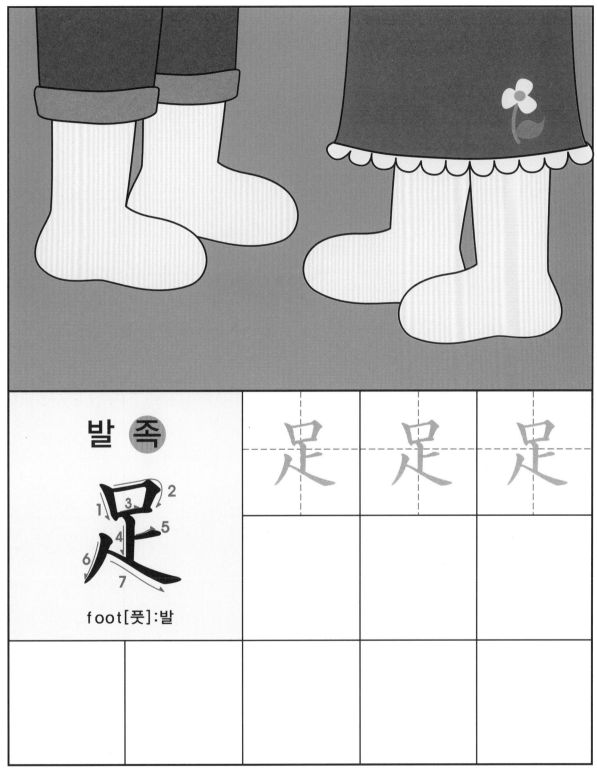

발 족	足	足	足
足			
foot[풋]:발			

★ 足은 무릎에서 발끝까지의
  모양을 본떠서 만든 글자입니다.

足 → 足

不足(부족)

手足(수족)

51

점선 따라 그리며 친구의 마음이 각각 어떤지 말해 보세요.
그리고 아래의 한자를 읽고 써 보세요.

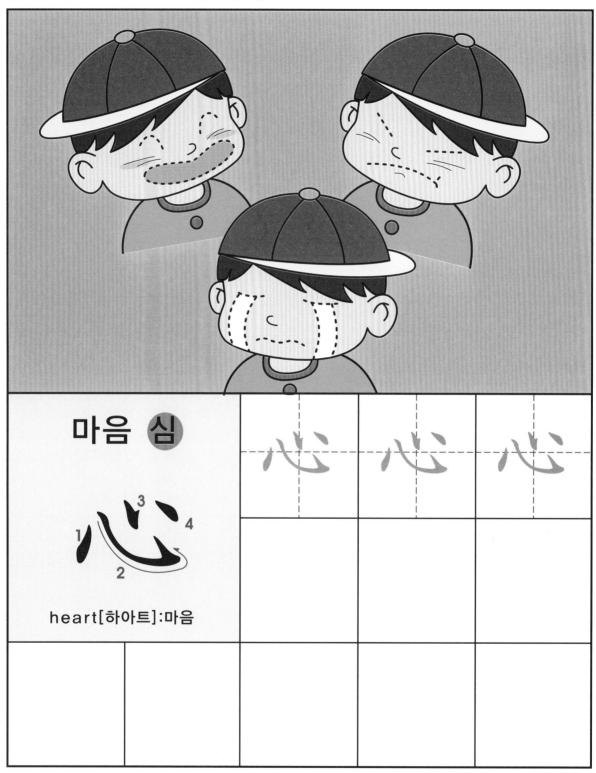

마음 심	心	心	心
心 heart[하아트]:마음			

⭐ 心은 사람의 심장의 모양을 본떠서 만든 글자입니다.

 → → 心

心情(심정)
中心(중심)

아침 일찍 일어나고 씩씩하게 마음껏 뛰어 놀아야 몸이
튼튼해진대요. 아래의 한자를 한자를 읽고 써 보세요.

몸 신	身	身	身
身 body[바디]:몸			

⭐ 身은 아기를 가져 배가 불룩해진
여자가 걷는 모습을 본떴습니다.

身體(신체)
自身(자신)

글을 차근차근 읽어 보세요. 그리고 ( )안에 어울리는 낱말에 알맞은 한자를 보기 에서 찾아 바르게 써 보세요.

슬기가 숲 속을 걷고 있었어요.

바스락바스락!

슬기는 (耳)를 쫑긋 세웠어요.

바스락바스락!

슬기는 ( )을 동그랗게 떴어요.

바스락바스락!

슬기는 ( )을 크게 벌리고 소리쳤어요.

"귀, 귀신이다!"

슬기는 두 (手)을 꼭 쥐고 달리기 시작했어요.

한참을 달리자 온( )이 땀에 젖었어요.

슬기는 멈춰 서서 뒤를 바라보았어요.

맙소사! 귀여운 다람쥐지 뭐예요.

슬기는 그제서야 ( )이 놓였어요.

보기

耳　目　口　手　身　心

각 그림에 어울리는 한자를 찾아 줄로 이으세요.
그리고 한자에 알맞은 음에 줄로 이으세요.

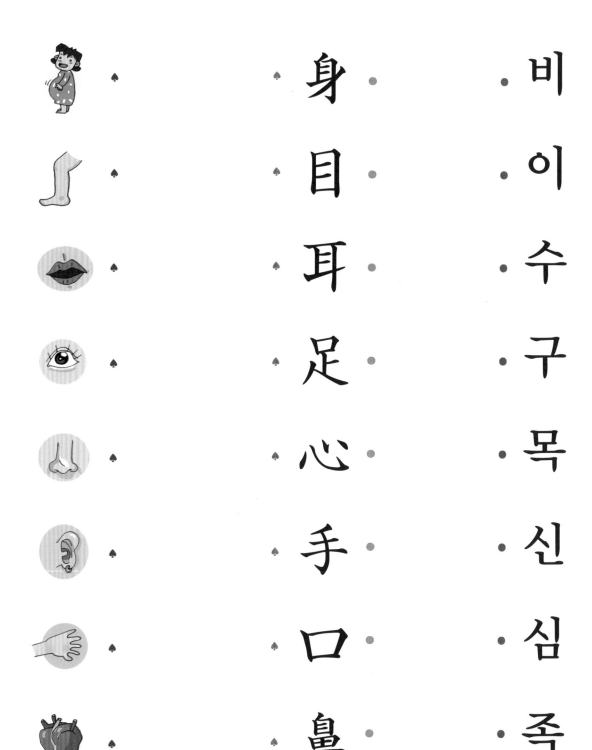

身 ᐧ ᐧ 비

目 ᐧ ᐧ 이

耳 ᐧ ᐧ 수

足 ᐧ ᐧ 구

心 ᐧ ᐧ 목

手 ᐧ ᐧ 신

口 ᐧ ᐧ 심

鼻 ᐧ ᐧ 족

口	口			
目	目			
耳	耳			
手	手			
足	足			
心	心			
鼻	鼻			
身	身			

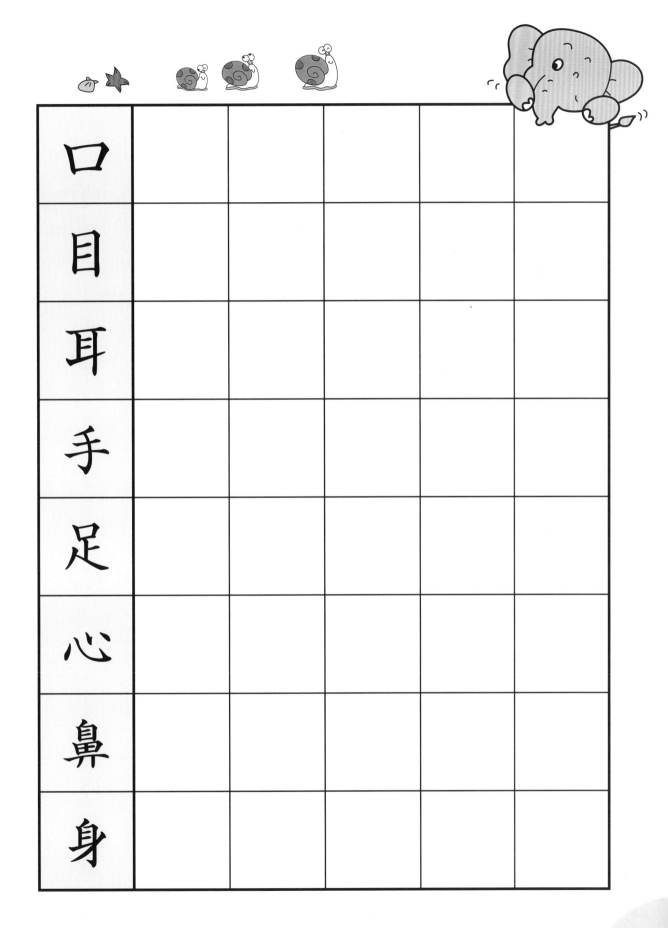

口				
目				
耳				
手				
足				
心				
鼻				
身				

꼬마 개가 커다란 개에게 무슨 이야기를 하고 있을까요?
미로를 빠져 나간 다음, 아래의 한자를 읽고 써 보세요.

개 견

犬

dog[도그]:개

★ 犬은 개의 모양을 본떠서
만든 글자입니다.

 → 犮 → 犬

狂犬病(광견병)
忠犬(충견)

음매음매 소가 풀을 뜯어 먹어요. 미로를 빠져 나간 다음,
아래의 한자를 바르게 써 보세요.

소 우

牛

cow[카우]:소

牛 牛 牛

★ 牛는 소의 머리 모양을 본떠서 만든 글자입니다.

 → ㅂ → 牛

牛乳(우유)
牛皮(우피)

매애매애, 누가 울까요? 동글동글 점을 이어 양을 완성하세요.
그리고 아래의 한자를 읽고 써 보세요.

양 양

羊

sheep[쉬이프]:양

羊 羊 羊

★ 羊은 양의 머리 모양을
  본떠서 만든 글자입니다.

羊毛(양모)

白羊(백양)

→ 에서 •까지 한 번에 그려 말을 완성하세요.
그리고 아래의 한자를 읽고 써 보세요.

말 마

馬

horse[호오스]:말

馬　馬　馬

★ 馬는 말의 모양을 본떠서
만든 글자입니다.

 → 馬 → 馬

馬車(마차)
乘馬(승마)

동글동글 점을 이어 물고기를 완성하세요.
그리고 아래의 한자를 읽고 써 보세요.

고기 어

魚

fish[피쉬]:물고기

魚 魚 魚

★ 魚는 물고기의 모양을 본떠서
만든 글자입니다.

 →奐→魚

魚市場(어시장)
人魚(인어)

호랑이의 줄무늬가 사라졌어요. 호랑이에게 줄무늬를 그려 넣고, 아래의 한자를 읽고 써 보세요.

범 호

虎

tiger[타이거]:호랑이

虎　虎　虎

⭐ 虎는 무서운 호랑이의 모양을 본떠서 만든 글자입니다.

 → 虎 → 虎

白虎(백호)

虎皮(호피)

뱀이 꼬불꼬불 기어가요. 점선 따라 그리고 예쁘게 색칠하세요.
그리고 아래의 한자를 읽고 써 보세요.

뱀 사

巳
snake[스네이크]:뱀

巳 巳 巳

★ 巳는 몸을 사린 뱀의 모양을 본떠서 만든 글자입니다.

 → 巳 → 巳

巳時(사시)

66

→에서 ●까지 한 번에 그려 새를 완성하세요.
그리고 아래의 한자를 읽고 써 보세요.

새 **조**

鳥
1 3 4 2 6 11 8 9 10 7

bird[버어드]:새

鳥 鳥 鳥

⭐ 鳥는 새의 모양을 본떠서
만든 글자입니다.

鳥類(조류)
白鳥(백조)

각 동물의 집을 찾아 줄로 이으세요.
그리고 집이 없는 동물에 ○하세요.

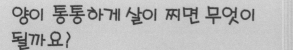

양이 통통하게 살이 찌면 무엇이 될까요?

羊 + 大 ······▶ 美 (아름다울 미)

새가 눈을 감으면 무엇이 될까요?

鳥 ······▶ 烏 (까마귀 오)

개의 점을 빼면 무엇이 될까요?

犬 ······▶ 大 (큰 대)

소의 뿔을 잘라 버리면 무엇이 될까요?

牛 ······▶ 午 (낮 오)

犬	犬				
牛	牛				
羊	羊				
馬	馬				
魚	魚				
虎	虎				
巳	巳				
鳥	鳥				

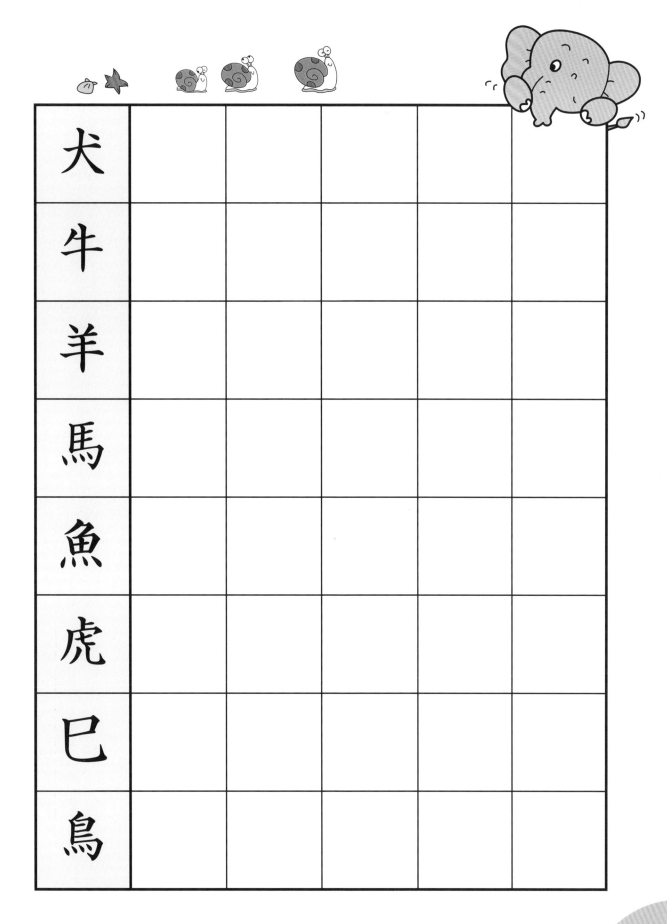

犬					
牛					
羊					
馬					
魚					
虎					
巳					
鳥					

크기

코끼리는 아주아주 커요.
생쥐는 아주아주 작아요.
하지만 둘은 사이좋은 짝꿍이지요.
생쥐는 맛있는 걸 많이 가지고 있어요.
하지만 코끼리는 조금밖에 없어요.
그래도 둘은 사이좋게 나누어 먹지요.

어느 쪽이 더 클까요? 큰 쪽을 예쁘게 색칠하세요.
그리고 아래의 한자를 읽고 써 보세요.

큰 대

大
2 3 1

big[빅]:큰

大 大 大

⭐ 大는 사람이 양 발과 양 손을 크게
벌리고 있는 모양을 본떴습니다.

 → 大 → 大

大學(대학)
大門(대문)

누가 더 작을까요? 작은 쪽을 예쁘게 색칠하세요.
그리고 아래의 한자를 읽고 써 보세요.

작을 **소**

小

small[스모올]:작은

小 小 小

⭐ 小는 작은 돌멩이가 세 개 있는
모양을 본떠서 만든 글자입니다.

 → 八 → 小

小說(소설)
小兒科(소아과)

74

부지런한 개미는 식량을 많이 모았어요.
게으른 베짱이는 식량을 적게 모았어요.

개구리 수영장에 올챙이들이 많아요.
빈 곳을 예쁘게 색칠하고, 아래의 한자를 읽고 써 보세요.

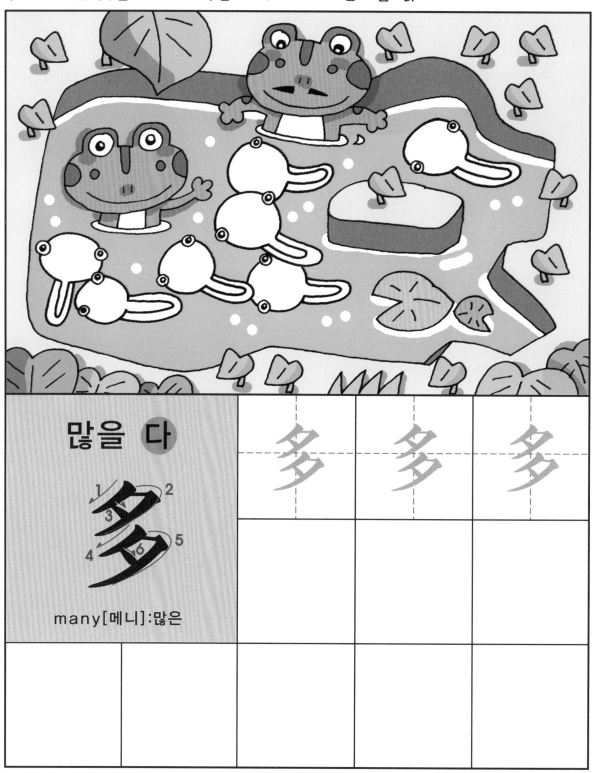

많을 다

1 2
3
4 6 5

many[메니]:많은

★ 多는 달이 반쯤 나온 모양이 겹친
것을 본떠서 만든 글자입니다.

多幸(다행)
多數(다수)

이 쪽 수영장에는 올챙이들이 적어요. 그림을 완성하고,
아래의 한자를 읽고 써 보세요.

적을 소 少 1 2 3 4 few[퓨우]:적은	少	少	少

★ 少은 작은 돌멩이 세 개를   少 → 少 → 少   少女(소녀)
양쪽으로 나눈 모양을 본떴습니다.   少年(소년)

꾀보 아기오리가 높은 나무에 달린 감을 따요.
그림을 완성하고, 아래의 한자를 읽고 써 보세요.

높을 고			
高 high[하이]:높은	高	高	高

★ 高는 높은 곳에 위치한 건물의
모양을 본떠 만든 글자입니다.

 → 髙 → 高

最高(최고)
高溫(고온)

키다리 기린이 낮은 나무에 달린 귤을 따요.
점을 이어 나무를 완성하고, 아래의 한자를 읽고 써 보세요.

낮을 저

低

low[로우]:낮은

低 低 低

★ 低는 사람이 몸을 구부리거나
머리를 낮춘 모양을 본떴습니다.

 → 㫔 → 低

最低(최저)
低溫(저온)

목이 긴 기린이 사는 집을 점선 따라 그려 보세요.
그리고 아래의 한자를 쓰는 순서대로 바르게 쓰세요.

길 장	長	長	長
長 long[롱]:긴			

★ 長은 수염이 긴 노인의 모습을
본뜬 글자입니다.

 →長→長

長身(장신):큰 키
校長(교장)

토끼는 꼬리가 너무너무 짧아 창피하대요. 아래의 한자를
큰 소리로 읽고, 쓰는 순서대로 바르게 써 보세요.

짧을 **단**

短

short[쇼오트]:짧은

⭐ 短은 화살과 콩의 모양을 본떠서
만든 글자입니다.

短點(단점)
短靴(단화)

83

서로 반대의 뜻을 가진 한자를 보기 에서 찾아
빈 칸에 예쁘게 써 보세요.

 大 ↔ [ ]

 [ ] ↔ 短

 [ ] ↔ 少

 高 ↔ [ ]

보기

少 多 小 高 低 長 短

84

크다는 뜻을 가진 한자들

大(큰 대) ⋯⋯⋯ 大門(대문)

太(클 태) ⋯⋯⋯ 太陽(태양)

泰(클 태) ⋯⋯⋯ 泰山(태산)

巨(클 거) ⋯⋯⋯ 巨人(거인)

같은 글자를 겹쳐서 만든 새로운 한자

★ 夕(저녁 석) 2개 ⟶ 多(많을 다)
★ 火(불 화) 2개 ⟶ 炎(불꽃 염)
★ 月(달 월) 2개 ⟶ 朋(친구 붕)
★ 立(설 립) 2개 ⟶ 竝(아우를 병)
★ 口(입 구) 3개 ⟶ 品(상품 품)
★ 木(나무 목) 2개 ⟶ 林(수풀 림)
★ 木(나무 목) 3개 ⟶ 森(나무 빽빽할 삼)

大	大			
小	小			
多	多			
少	少			
高	高			
低	低			
長	長			
短	短			

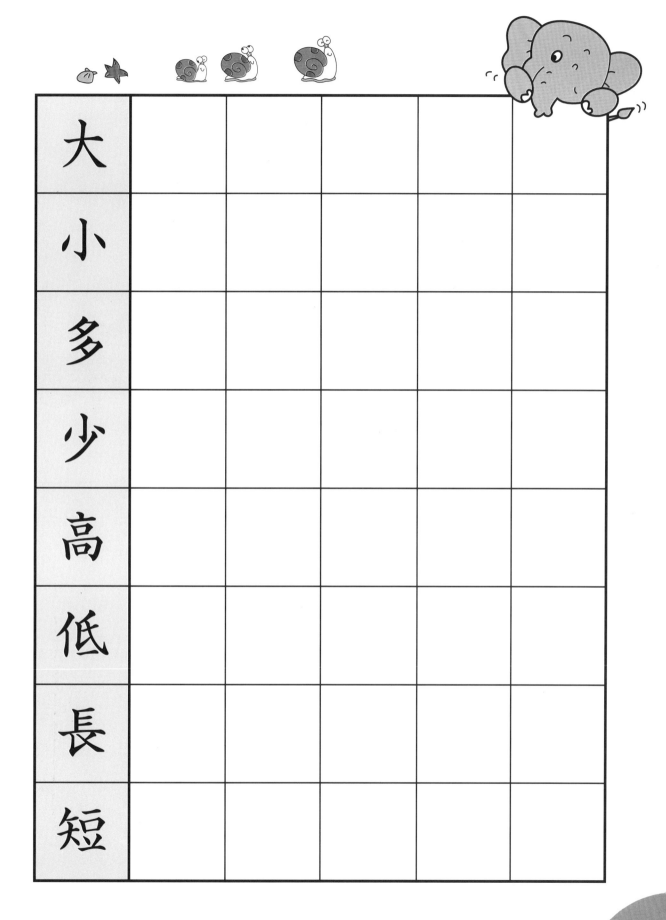

大					
小					
多					
少					
高					
低					
長					
短					

위치 1

上

中

下

곰 세 마리가 꿀을 따요.
아기곰은 맨 위, 엄마곰은 가운데,
아빠곰은 맨 아래. 셋이서 힘을 합쳐 꿀을 따요.

탁자 위에 무엇이 있는지 이야기해 보세요.
그리고 아래의 한자를 쓰는 순서대로 바르게 써 보세요.

위 상

1
上 2
3

on[온]:위

⭐ 上은 기준선(—) 위에 점을 찍어
나타낸 글자입니다.

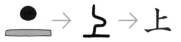

上流(상류)
向上(향상)

가운데에 있는 생쥐에게 ○하고,
아래의 한자를 쓰는 순서대로 바르게 써 보세요.

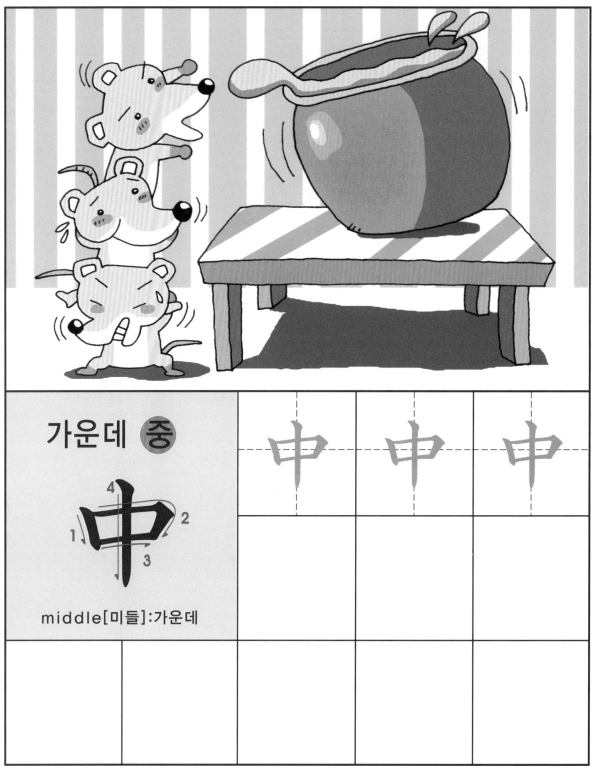

가운데 중	中	中	中
 4↓ 1→ 中 2→ 3↓ middle[미들]:가운데			

★ 中은 사물의 한가운데에 축이
박혀 있는 모양을 본떴습니다.

 → 中 → 中

中心(중심)
中學生(중학생)

꿀은 탁자 위에 있을까요, 탁자 아래에 있을까요? 그림에 대해 이야기해 보고, 아래의 한자를 읽고 쓰세요.

아래 하	下	下	下
下 under[언더]:아래			

★ 下는 기준선(一) 아래 점을 찍어 나타낸 글자입니다.

下山(하산)
地下(지하)

人

左

右

사람 人자만 찾아 ○하고, 다른 한자들도 무슨 글자인지 말해 보세요. 그리고 아래의 한자를 읽고 써 보세요.

사람 **인**

人

mankind[맨카인드]:사람

★ 人은 서 있는 사람의 옆모습을 본떠서 만든 글자입니다.

 → 入 → 人

人間(인간)
偉人(위인)

친구의 왼쪽에 있는 동물을 예쁘게 색칠하고,
아래의 한자를 큰 소리로 읽으면서 바르게 써 보세요.

왼 **좌**	左	左	左
左 left[렙트]:왼쪽			

★ 左는 왼손에 자를 들고 일하는
모양을 본떠서 만든 글자입니다.

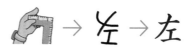

左側通行(좌측 통행)
左之右之(좌지우지)

둘 중에서 오른쪽 손을 들고 있는 모습에 ○ 하고,
아래의 한자를 바르게 써 보세요.

오른 우 右 1 右 2 3 4 5 right[라이트]:오른쪽	右	右	右

★ 右는 오른손을 입에 댄 모양을
본떠서 만든 글자입니다.

 → 右

右向右(우향우)
右翼手(우익수)

上	上			
中	中			
下	下			
人	人			
左	左			
右	右			
左	左			
右	右			

上					
中					
下					
人					
左					
右					
左					
右					

右往左往　　右(오른 우) 往(갈 왕) 左(왼 좌) 往(갈 왕)
오른쪽으로 갈까 왼쪽으로 갈까 망설인다는 뜻으로, 갈팡질팡하는 모양을 가리킵니다.

네모를 이용하여 아버지 얼굴을 재미있게 그려 보세요.
그리고 아래의 한자를 읽고 쓰세요.

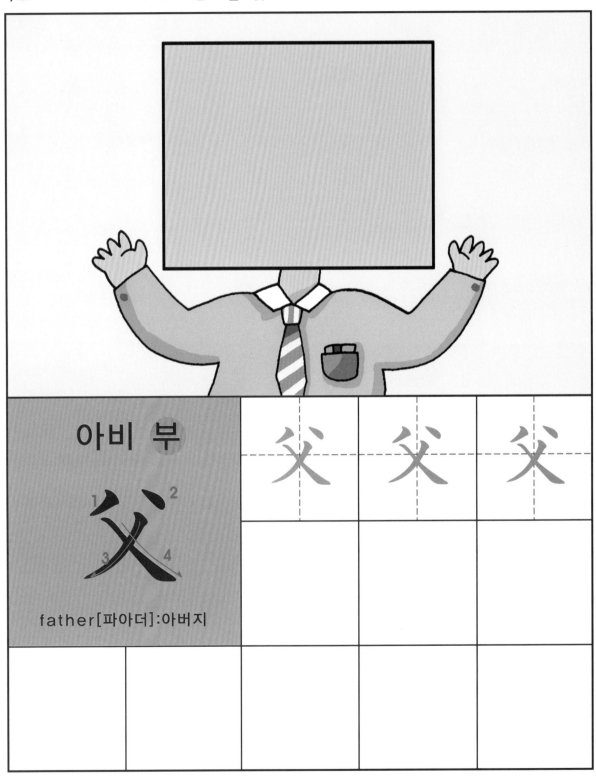

아비 부

父

father[파아더]:아버지

★ 父는 손에 회초리를 든 모양을
본떠서 만든 글자입니다.

父子(부자)

祖父(조부)

동그라미를 이용하여 어머니 얼굴을 재미있게 그려 보세요.
그리고 아래의 한자를 읽고 써 보세요.

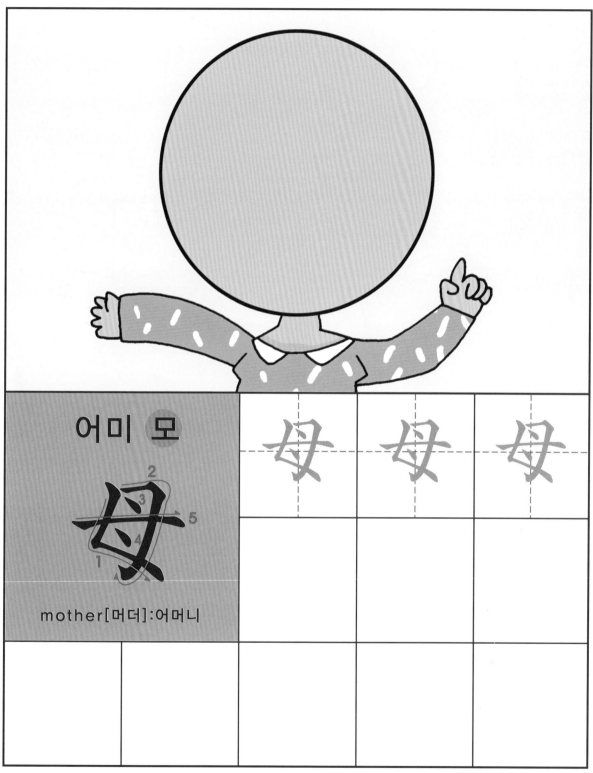

어미 모

母

mother[머더]:어머니

★ 母는 여자가 아기에게 젖을 먹이는
모양을 본떠서 만든 글자입니다.

母女(모녀)
姨母(이모)

흥부의 형 놀부는 욕심꾸러기. 밥 얻으러 온 동생을 내쫓았대요.
빈 곳을 멋지게 색칠하고, 아래의 한자를 읽고 써 보세요.

형 형

兄

elder brother[엘더 브러더] : 형

兄	兄	兄

★ 兄은 입과 걷는 사람의 다리
  모양을 본떠서 만든 글자입니다.

 𠑹 → 𠑹 → 兄

兄弟(형제)

兄夫(형부)

동생 흥부는 형 놀부에게 주걱으로 얻어맞고도 형을 원망하지 않았어요. 그림을 완성하고, 아래의 한자를 읽고 써 보세요.

아우 제	弟	弟	弟
弟 younger brother[영거 브러더]:남동생			

★ 弟는 막대기에 가죽끈을 감은 모양을 본떠서 만든 글자입니다.

 → 弟

弟子(제자)

妻弟(처제)

아들이 두 팔을 벌리고 퇴근하시는 아버지를 맞이해요.
그림을 완성하고, 아래의 한자를 읽고 써 보세요.

아들 자	子	子	子
子 1 3 2 son[썬]:아들			

★ 子는 어린 아이가 두 팔을 벌리고
있는 모양을 본떴습니다.

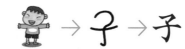 → 子 → 子

子女(자녀)
男子(남자)

여자 아이를 예쁘게 색칠하고, 아래의 한자를 쓰는 순서대로 바르게 써 보세요.

계집 녀

女

woman[우먼]:여자

★ 女는 여자가 앉아 있는 모양을 본떠서 만든 글자입니다.

女子(여자)
美女(미녀)

토끼 자매가 청소를 해요. 언니 토끼를 예쁘게 색칠하고,
아래의 한자를 큰 소리로 읽으면서 바르게 써 보세요.

손윗누이 **자**

姉

elder sister[엘더 씨스터]:언니

姉 姉 姉

★ 姉는 여자와 시장에 사람이
들어가는 모양을 본떴습니다.

 → 茅 → 姉

姉妹(자매)
姉兄(자형)

쥐 자매는 무엇을 하고 있나요? 동생 쥐를 예쁘게 색칠하고, 아래의 한자를 쓰는 순서대로 바르게 써 보세요.

손아랫누이 **매**

妹

younger sister[영거 씨스터]:여동생

★ 妹는 여자와 열매가 아직 익지 않은 나무의 모양을 본떴습니다.  → 茉 → 妹

妹夫(매부)
男妹(남매)

109

두 글자로 이루어진 한자어에 어울리는
음과 뜻을 찾아 줄로 이으세요.

父母 •　　•모자★　　▲아들과 딸

兄弟 •　　•부녀★　　▲아버지와 어머니

母子 •　　•자매★　　▲언니와 여동생

父女 •　　•부모★　　▲형과 아우

姉妹 •　　•모녀★　　▲아버지와 아들

子女 •　　•형제★　　▲어머니와 딸

母女 •　　•부자★　　▲아버지와 딸

父子 •　　•자녀★　　▲어머니와 아들

★ 아버지, 어머니의 이름을 한자로 써 보세요.

父 (　　　　　　　) 　　　母 (　　　　　　　)

女자를 이용하여 만들어 낸 한자들

女 + 子 → 好(좋을 호)

어머니와 아들이 함께
있으면 매우 좋은 데서
생겨난 글자

女 + 宀 → 安(편안할 안)

여자가 집 안에서 일을
보살피면 편안하다 하여
생겨난 글자

女 + 帚 → 婦(아내 부)

비를 든 여자, 즉 집안을
보살피는 사람이란 데서
생겨난 글자

女의 발음

· 앞에 올 때 女子(여자) 女學生(여학생) 女王(여왕) → 여
· 뒤에 올 때 子女(자녀) 少女(소녀) 海女(해녀) → 녀

父	父			
母	母			
兄	兄			
弟	弟			
子	子			
女	女			
姉	姉			
妹	妹			

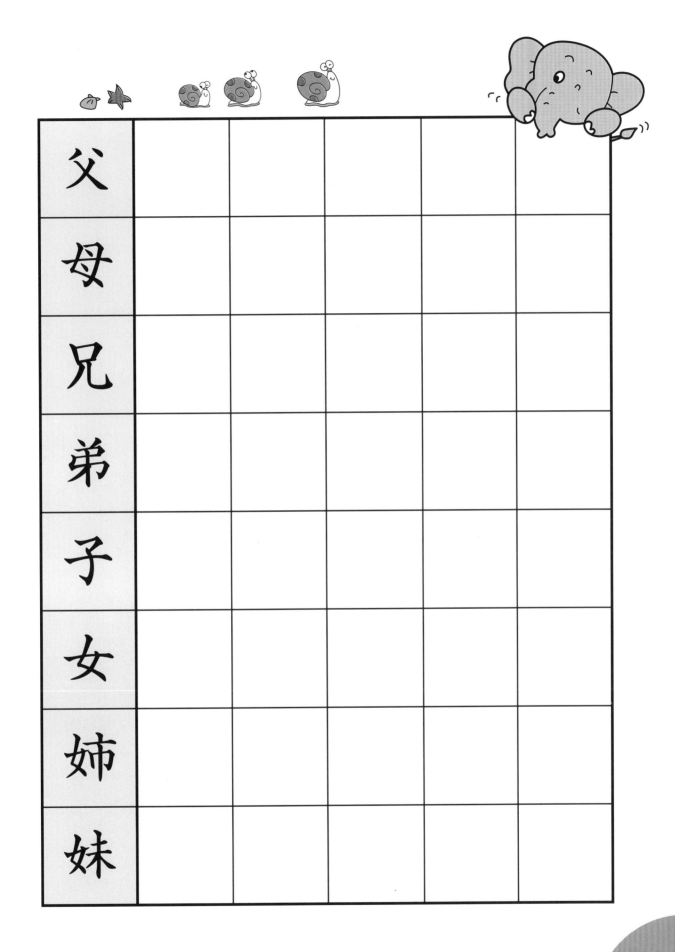

父					
母					
兄					
弟					
子					
女					
姉					
妹					

따뜻한 봄이 왔어요. 겨울잠을 자던 개구리가 밖으로 나와요.
그림을 완성하고, 아래의 한자를 읽고 써 보세요.

날 출

出

come out[컴 아웃]:나오다

⭐ 出은 풀이 겹쳐진 모양을
본떠서 만든 글자입니다.

出發(출발)
日出(일출)

추운 겨울이 오자 개구리가 겨울잠을 자러 들어가요.
그림을 완성하고, 아래의 한자를 읽고 써 보세요.

들 **입**

入

enter[엔터]:들어가다

⭐ 入은 동굴의 입구 모양을
본떠서 만들었습니다.

入學(입학)
出入(출입)

저만치 앞서 간 토끼가 거북이를 바라보아요.
그림을 완성하고, 아래의 한자를 바르게 쓰세요.

볼 **견**

見

look[룩]:보다

見　見　見

★ 見은 사람이 눈으로 보는 모습을
나타낸 글자입니다.

見學(견학)
見本(견본)

토끼가 나무 그늘에서 쉬네요. 그림을 완성하고,
아래의 한자를 읽고 써 보세요.

쉴 휴

休

rest[레스트]:쉬다

休 休 休

休는 사람이 나무 그늘에서 쉬고
있는 모습에서 생긴 글자입니다.

休日(휴일)
休息(휴식)

자다 깨어난 토끼가 허겁지겁 달려가요.
빈 곳을 색칠하고, 아래의 한자를 읽고 써 보세요.

달릴 **주**	走	走	走
走 run[런]:달리다			

★ 走는 팔을 벌리고 달리는 모습에
발을 붙여서 만든 글자입니다.

 →走→走

走者(주자)
競走(경주)

만세! 거북이가 산꼭대기에 서서 만세를 불러요.
그림을 완성하고, 아래의 한자를 읽고 써 보세요.

설 립

立

stand[스탠드]:서다

立　立　立

★ 효은 사람이 서 있는 모습을
본떠서 만든 글자입니다.

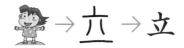

立席(입석)
起立(기립)

아기가 태어나자 엄마 아빠가 기뻐서 싱글벙글.
아기를 예쁘게 색칠하고, 아래의 한자를 읽고 써 보세요.

날 생

3
1   2
4
5

生 生 生

be born[비 보온]:태어나다

★ 生은 땅을 뚫고 나온 싹의 모양을 본떠서 만든 글자입니다.

 → 生 → 生

出生(출생)
生命(생명)

엄마개구리가 죽었대요. 개구리들이 무덤을 만들고 슬피 울어요.
점선 따라 무덤을 그리고, 아래의 한자를 읽고 써 보세요.

죽을 **사**

死

die[다이]:죽다

死 死 死

★ 死는 사람이 죽어서 뼈를 남기는
것을 뜻하는 글자입니다.

死亡(사망)
生死(생사)

글과 그림을 잘 살펴보고,
밑줄 친 말에 어울리는 한자를 보기 에서 찾아 쓰세요.

생쥐가 쥐구멍 밖으로 쪼르르 <u>나왔어요</u>. (   )

그리고 지붕 꼭대기를 <u>바라보았어요</u>. (   )

갑자기 생쥐가 <u>달리기</u> 시작했어요. (   )

생쥐는 쥐구멍 속으로 쏙 <u>들어갔어요</u>. (   )

그리고 헉헉 숨을 몰아쉬며 벽에 기대어 <u>쉬었어요</u>. (休)

고양이는 쥐구멍 밖에 <u>서서</u> 야옹야옹 울었어요. (   )

하지만 생쥐는 이제 무섭지 않았어요.

보기

出 入 見 走 休 生 死 立

산타 할아버지가 선물을 나눠 주러 오셨어요.
入에서 出까지 빠져 나가 보세요.

出	出				
入	入				
見	見				
休	休				
走	走				
立	立				
生	生				
死	死				

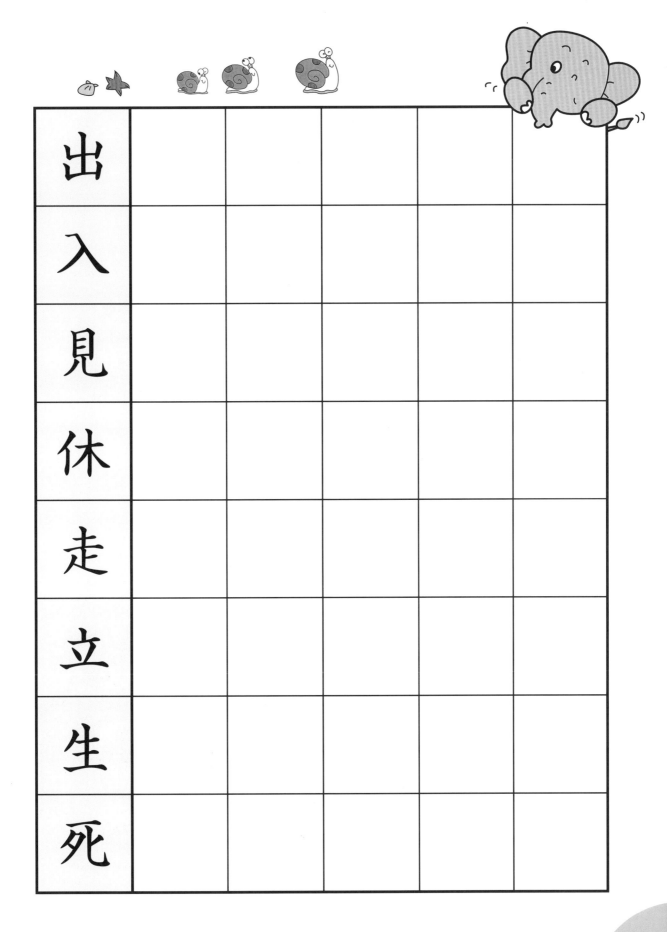

					出
					入
					見
					休
					走
					立
					生
					死

한자에서 생겨난 재미난 우리말

방귀

뱃속에 들어간 음식물이 썩거나
발효하여 똥구멍으로 나오는
구린내 나는 가스가 방귀예요.
그런데 방귀는 한자어 방기(放氣)
에서 생겨난 말이래요.
풀 방(放), 기운 기(氣), 즉 몸 속의
기운을 풀어 놓는 것이 방귀랍니다.

지렁이

축축한 흙 속이나 썩은 나뭇잎을
들추면 지렁이가 꿈틀꿈틀 움직이는
것을 볼 수 있어요.
지렁이는 한자어 지룡(地龍)에서
생겨난 말이래요. 땅 지(地), 용 룡(龍),
즉 땅의 용이 곧 지렁이랍니다.